AF349658

VENTE DU JEUDI 5 AVRIL 1900

HOTEL DROUOT, SALLE Nº 11

à 2 heures 1/4

COLLECTION

D'AQUARELLES, TABLEAUX

Anciens et Modernes

GOUACHES, PASTELS, GRAVURES

Meubles et Objets d'art

BEAUX TAPIS D'ORIENT

COMMISSAIRE-PRISEUR

Mᵉ Léon TUAL

56, rue de la Victoire

EXPERT

M. A. BLOCHE

28, rue de Châteaudun

EXPOSITION PUBLIQUE

Le Mercredi 4 Avril 1900, de 2 heures à 6 heures

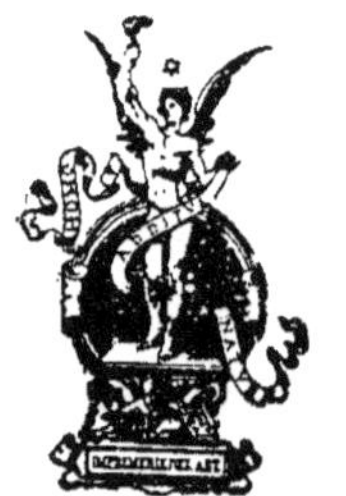

CONDITIONS DE LA VENTE

Elle se fera au comptant.

Les acquéreurs payeront *cinq pour cent* en sus des prix d'adjudication.

L'exposition mettant le public à même de se rendre compte de l'état et de la nature des objets, aucune réclamation ne sera admise une fois l'adjudication prononcée.

Paris. — Imprimerie de l'Art, E. Moreau et Cie, 41, rue de la Victoire

DÉSIGNATION

AQUARELLES

1 — Bellangé (H.). Le Grenadier.

2 — Bourgeois. La Ferme.

3 — Bourgeois. Le Pont.

4 — Bourgeois. Marine.

5 — Callam. Paysage avec rochers, cascades et personnages.

6 — Callam. Paysage de la Suisse.

7 — Cassagne. Paysage.

8 — Charlet. Paysan montrant son enfant à un grenadier.

9 — Ciceri. Bords de rivière.

10 — Ciceri. Paysage de la forêt de Fontainebleau.

11 — CICERI. Lisière d'un bois.

12 — CORELLI (Gonzale). Vaches au bord d'une rivière.

13 — DAIX (A). Jeune femme lisant dans une forêt.

14 — DAIX (A.). Paysage.

15-16 — DURANTI. Paysages avec ruines et moulins. Deux pendants.

17 — FRANÇAIS. Forêt au bord d'une rivière.

18 — DE GRAFFENRIED (Adolphe). Vue d'Italie.

19 — VAN HOPP. Maison au bord d'une rivière avec personnages dans une barque.

20 — JANNIOT. Les Faucheurs. Environ de Dijon.

21 — JOHANNOT. Portrait de femme, Louis XIII, tenant un petit enfant à la main.

22 — ISTA. Paysage au bord d'une rivière.

23 — LAMBERT. Les Maraîchers.

24 — LEBAS. Vue d'un parc.

25 — LECOINTE. Vaches au bord d'une mare.

26 — LUNCH. Dame au clavecin.

27 — MATHIEU. Propos galants.

28 — MARTIN. Sous bois.

29 — MARCELLIN. Portrait de femme tenant un éventail.

30 — NAVLET. La Fête des Loges sous Louis XV.

31 — PASCAL. Vue d'Algérie.

32 — PAYEN. L'Alchimiste.

33 — ROSALBA. Bords de rivière.

34 — REÇOIS. Marché aux poissons sur une plage avec vue de falaises.

35 — THORMLEY. Paysage montagneux.

36 — TOPFER. La marchande des quatre saisons.

37 — TREMISOT. Marine.

38 — VALETTE (René). Cheval et chien de chasse.

39 — ÉCOLE ITALIENNE. Intérieur d'artiste.

TABLEAUX

40 — AUBERT. Paysage au bord d'une rivière.

41 — BASSANO. La Mise au tombeau. Peinture sur cuivre.

42 — BLUM (Maurice). Le graveur dans son cabinet de travail. Signé à gauche.

43 — BONHEUR. Portrait de Rosa Bonheur enfant, par son père.

44 — BOURDOIS. Paysage.

45 — B. Portrait de dame en robe noire, à col et manchettes blanches. Signé et daté : 1854.

46 — CLAIRE. Effet d'hiver.

47 — CONSTANTIN. Paysage, vue de plaine avec figures. Signé à gauche.

48 — COUBAT-CONTY. Les Blés.

49 — DAVID (Attribué à). Le Départ des Horaces. Bon tableau.

50 — DAUTEL (Virginie). Portrait du chanteur Lasalle dans le rôle d'Hamlet.

51 — DEVERIA. Femme dans la campagne se couronnant de fleurs.

52 — DUPRÉ (Jules). La Mare. Petit tableau portant au revers l'inscription suivante : « Etude reçue de lui en 1887 dans son atelier de l'Isle-Adam. Besnard. »

53 — DUPRÉ (Victor). Gros arbres au bord d'un ruisseau. Signé à droite.

54 — ETEX (J). Joli portrait de jeune fille représentée de profil. Signé à droite.

55 — FORNAT (Oscar). Paysage rocailleux. Signé à droite et daté : 1876.

56 — GÉRICAULT (Attribué à). Chevaux à l'écurie.

57 — GIRARDET (Karl). Vue du lac de Brientz. Signé à droite.

58 — GUERCHIN (Attribué au). Sainte en extase.

59 — GUERCHIN. Tête de vieillard.

60 — HUGARD. Bords de rivière. Signé à gauche.

61 — JACQUES (Attribué à Charles). Coin de ferme.

62 — LAPITO (A.). Paysage. Étude.

63 — LEICHERT (Ch.). Les Moulins en Hollande. Signé a gauche.

64 — LECLERC DES GOBELINS (Attribué à). Les Baigneuses.

65 — LEPRINCE (Léopold). Passage du gué. Signé et daté 1826.

66 — LORIN. Le Pêcheur.

67 — MATHOT (H.). Berger et troupeau sous bois. Signé à droite et daté 1836.

68 — Potter (Attribué à). Vache dans la prairie.

69 — Primatice (École du). Hébé.

70 — Rigaud (Attribué à). Portrait de gentil-
homme en armure avec manteau rouge.

71 — Reinkaldi (G.). Bords d'un lac en Suisse.
Signé à droite et daté 1838.

72 — Royer (Lionel). Sapho rejetée par les flots.

73 — Ruysdael (École de). Les Moulins en Hollande.

74 — Sasso-Ferrato (École de). Madone en
prière.

75 — Singry (Attribué à). Saint-Jean. Œuvre
inachevée.

76 — Valentin. Paysage.

77 — Valentin (École de). Tête de femme.

78 — Valentin. (École de). Adonis.

79 — Van des Does (Jacques). Bergère avec son
enfant, surveillant sa vache et ses moutons.
Joli petit tableau.

80 — Wouwermans (d'après). La Halte à la fon-
taine.

81 — ÉCOLE ANGLAISE. Piqueur, chevaux et chiens.

82 — ÉCOLE ANGLAISE. Soldats assis autour d'un tonneau.

83 — ÉCOLE ANCIENNE. Saint Sébastien. Joli tableau.

84 — ÉCOLE FRANÇAISE. Portrait d'un Docteur en robe rouge.

85 — ECOLE FRANÇAISE. Entrée d'un abbaye.

86 — ECOLE FRANÇAISE. Portrait d'homme à collerette.

87 — ECOLE FRANÇAISE. Tête de femme. Etude sur carton.

88 — ECOLE FRANÇAISE (1820). Portrait d'homme cheveux blancs et habit bleu.

89 — ECOLE FRANÇAISE. Portrait d'homme, cheveux noirs et habit bleu.

90 — ECOLE FRANÇAISE. Portrait de femme coiffée d'une couronnette, en costume 1er Empire.

91 — ECOLE FRANÇAISE. Route en pays montagneux.

92 — Ecole française. Portrait de femme en robe rose et manteau bleu.

93 — Ecole hollandaise. Ferme, vaches au repos.

94 — Ecole hollandaise. Phare et bâtiment en pleine mer.

95 — Ecole italienne. Saint secouru par les Anges. (Petite peinture sur cuivre.)

96 — Ecole italienne. Moine en prière.

97 — Ecole italienne. La Sainte Famille.

98 — Ecole flamande. Le Retour des champs.

99-104 — Ecole moderne. Six paysages.

105 — Ecole moderne. Portrait d'un pape.

106 — Ecole moderne. Pêcheurs et pêcheuses aux pieds des falaises.

107 — Ecole moderne. Après le bain : Jeune femme nue endormie dans un hamac.

108 — Ecole moderne. Paysage montagneux de la Suisse.

109 — Ecole moderne. Vue de la Seine.

110 — Lesueur (Eustache) (Attribué). La Sagesse, le Courage et l'Innocence renversent l'arbre de la Discorde.

GOUACHES, PASTELS

GRAVURES

111 — ÉCOLE FRANÇAISE. Terrassiers sur une route. Gouache.

112 — ÉCOLE FRANÇAISE. Paysage avec rivière. Gouache.

113 — ÉCOLE FRANÇAISE (XVIIIᵉ siècle). Pêcheurs avec vues de ruines et de rochers. Deux importantes gouaches.

114 — ÉCOLE HOLLANDAISE. Paysage aux bords d'un fleuve. Gouache.

115 — ÉCOLE ITALIENNE. La Vierge et l'Enfant. Beau pastel.

116-119 — CAGNARD. Vues de Paris. Quatre pastels.

120 — CHAPLIN (d'après). Dans les Rêves. Gravure en couleur avant la lettre.

121 — CHAPLIN. La Pie aux roseaux. Pièce en couleur.

122 — FLAMENG (FRANÇOIS). La Causere aux Tuileries. Gravure en couleur.

123 — GIACOMELLI (d'après). Le Bain des Chardonnerets. Pièce en couleur.

124 — YSAMBERT. Sortie du bal masqué. Dessin en couleur.

125 — Bethsabée surprise au bain par le Roi David. Gravure en couleur.

126-147 — Lot de vingt-deux aquarelles dessins, gravures, et sépias. Sera divisé.

148 — Tableaux et dessins omis.

MEUBLES

149 — Petite étagère en bois laqué vert d'eau, s'ouvrant à une porte vitrée et décorée d'une peinture : la Sérénade.

150 — Petite commode Louis XV, s'ouvrant à deux tiroirs et ornée de bronzes, dessus en marbre.

151 — Petite table étagère, décor à fleurs, pieds dorés.

152 — Petite table pliante en bambou, dessus en natte.

OBJETS D'ART

ET DE VITRINE

153 — Groupe en terre cuite, de Madrassi : l'Amour à l'affût.

154 — Petite figurine en terre cuite, de Madrassi : Bravo.

155 — Groupe en terre cuite : la Vénus au dauphin, par Grumeau.

156 — Deux socles en marbre noir.

157 — Deux socles en marbre blanc.

158 — Cache-pot en faïence de Rouen.

159 — Plat en faïence de Delft, décor en bleu sur blanc.

160 — Statuette en biscuit Mignon, par Maubach.

161 — Groupe en porcelaine décoré : Mariage Romain.

162 — Groupe en terre cuite, de Madrassi : l'Ariane à la panthère.

163 — Deux brûle-parfums, en bronze du Japon, couvercles surmontés d'un personnage.

164 — Deux cassolettes en porcelaine du Japon, forme boules, décor à fleurs et rehauts d'or.

165 — Deux figurines d'enfants, en bois sculpté. Travail italien.

166 — Assiette en porcelaine de l'Inde, décor aux chrysanthèmes.

167-171 — Lot de vingt-quatre plats et assiettes en porcelaine du Japon, décor polychrome.

172 — Bonbonnière Louis XVI, en porcelaine fond blanc rehaussé d'or, décor à quadrillés.

173 — Petite bonbonnière ovale en faïence de Moustiers, décor à sujet champêtre.

174 — Œuf en porcelaine d'Allemagne, décor à fleurs et rehauts d'or.

175 — Bonbonnière en porcelaine décorée, à sujet galant.

176 — Deux plaques rondes, en porcelaine décorée de corbeilles de fleurs.

177 — Aiguière en faïence, décor à fleurs et personnage.

178 — Tête-à-tête en ancienne porcelaine de Kronenburg, fond blanc côtelé, décor à fleurs en bleu.

179 — Groupe en biscuit décoré, l'Amour aveugle.

180 — Deux statuettes en faïence, décorées : le Joueur de guitare et la femme à la colombe.

181 — Deux flambeaux en bronze doré, décor à gaudrons.

182 — Figurine en bronze : la Poésie.

183 — Deux petits bustes en bronze : Jean qui rit et Jean qui pleure, socles en albâtre.

184 — Petit buste hollandais, en cuivre poli à six lumières.

185 — Deux appliques en cuivre poli sur fond de glaces à deux lumières.

186 — Lustre en bronze ciselé, parties dorées, à vingt-quatre lumières.

187 — Deux appliques de même style, à cinq lumières.

188 — Miniature sur ivoire : les Baisers de l'Amour.

189 — Miniature sur vélin : Portrait de grande Dame, Louis XIV, en riche costume et assise dans un parc.

190 — Miniature ronde, sur ivoire : l'Arrivée de l'Amour.

191 — Deux miniatures rondes, sur ivoire: Portraits de femmes Louis XVI.

192 — Miniature ovale, sur ivoire: Portrait de la Duchesse d'Orléans.

193 — Petite miniature ovale : le Repos champêtre.

194 — Six figurines en porcelaine d'Allemagne décorée.

195 — Deux potiches avec couvercles, en porcelaine de Chine craquelée, décor à figures de guerrier.

196 — Petit socle en buiscuit.

197 — Bonbonnière en ivoire, ornée d'une miniature : tête de femme, entourage en strass.

198 — Bonbonnière en ivoire, avec portrait de Marie Stuart.

TAPIS D'ORIENT

199 — Tapis de Perse. $2^m72 \times 1^m60$.
200 — Tapis de prière, turc. $1^m60 \times 1^m08$.

201 — Galerie de Perse. 4^{m}75$\times$1^{m}10.

202 — Tapis de Perse, ancien velouté. 2^{m}75x1^{m}55.

203 — Tapis de Perse, ancien velouté. 2^{m}68x1^{m}70.

204 — Tapis de Kurdistan. 2^{m}04$\times$1^{m}25.

205 — Grand tapis de Perse velouté. 3^{m}17x1^{m}885.

206 — Grand tapis de Perse velouté. 2^{m}60x1^{m}30.

207 — Joli tapis ancien Zeraghan. 4^{m}60$\times$2^{m}03.

208 — Grand tapis, ancien Djoshaghan. 3^{m}80x2^m.

209 — Grand tapis de Perse ancien. 2^{m}55$\times$1^{m}29.

210 — Tapis de Bohara. 1$^m\times$0^{m}95.

211 — Tapis de Perse. 1^{m}80$\times$1^{m}35.

213 — Tapis persan ancien, de Schiroz. 2^{m}74$\times$1^{m}42.

214 — Très joli tapis persan fond bleu. 3^{m}45x1^{m}44

215 — Tapis de prière, fond rouge. 1^{m}69$\times$1^{m}20.

216 — Tapis de Perse ancien. 1^{m}58$\times$1^{m}21.

217 — Tapis du Daghestan velouté. 1^{m}80$\times$1^{m}04.

218 — Tapis ancien de Ladik. 1^{m}84$\times$1^{m}15.

219 — Tapis turc, fond rouge. 1^{m}95$\times$1^{m}26.

220 — Tapis de Perse. $1^m35 \times 1^m07$.

221 — Tapis de Schiroz. $1^m74 \times 1^m30$.

222 — Tapis ancien Zeraghan. $1^m85 \times 1^m22$.

223 — Galerie ancienne. $3^m19 \times 0^m90$.

224 — Tapis du Daghestan. $1^m66 \times 1^m04$.

225 — Tapis ancien de Schiroz. $1^m75 \times 1^m25$.

226 — Tapis de prière, de Turquie. $1^m75 \times 1^m14$.

227 — Tapis de prière, de Turquie. $1^m80 \times 1^m24$.

228 — Tapis ancien Ladik. $1^m84 \times 1^m15$.

229 — Objets omis.

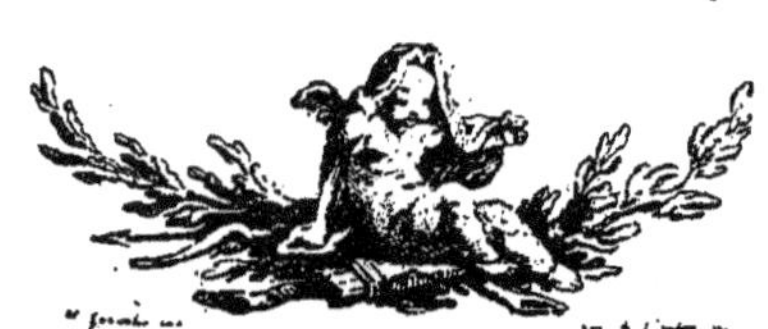